AF268259

RÉUNION D'ÉTUDES ALGÉRIENNES

L'ALGÉRIE

AU POINT DE VUE POLITIQUE,

ADMINISTRATIF & ÉCONOMIQUE

CONFÉRENCE DE M. ÉTIENNE,

Député, ancien Sous-Secrétaire d'État aux Colonies

*D'après la sténographie de M. G. Raynaud, sténographe-réviseur
de la Chambre des Députés.*

ALLOCUTION DU PRÉSIDENT M. ALBERT LE MOIGNE,

DÉPUTÉ.

(Extrait du *Bulletin de la Réunion d'Études Algériennes*.)

PARIS

12, GALERIE D'ORLÉANS, 12

(PALAIS-ROYAL)

RÉUNION D'ÉTUDES ALGÉRIENNES

L'ALGÉRIE

AU POINT DE VUE POLITIQUE,

ADMINISTRATIF & ÉCONOMIQUE

(Extrait du *Bulletin de la Réunion d'Études Algériennes.*)

PARIS

12, GALERIE D'ORLÉANS, 12

PALAIS-ROYAL

BEAUGENCY. IMP. J. LAFFRAY.

L'ALGÉRIE

AU POINT DE VUE POLITIQUE, ADMINISTRATIF & ÉCONOMIQUE.

CONFÉRENCE DE M. ÉTIENNE

DÉPUTÉ, ANCIEN SOUS-SECRÉTAIRE D'ÉTAT AUX COLONIES.

D'après la sténographie de M. G. Raynaud, sténographe-réviseur de la Chambre des Députés.

ALLOCUTION DU PRÉSIDENT M. ALBERT LE MOIGNE

DÉPUTÉ.

Mesdames, Messieurs,

En vous rendant ce soir à l'invitation de la Réunion d'Études Algériennes, vous vous attendiez à voir présider la séance par l'honorable M. Léon Bourgeois et vous devez éprouver un sentiment de très vive déception en voyant sa place occupée par un autre. Cette déception, je l'éprouve autant et plus que vous et je regrette de ne pouvoir entendre sur ce sujet de l'Algérie la parole si éloquente et si autorisée de M. Bourgeois. Lui-même regrette vivement que l'état de sa santé ne lui ait pas permis de tenir l'engagement qu'il avait pris l'an dernier.

Pour que votre déception soit moins vive, je vais me hâter de donner la parole à mon éminent ami M. Étienne.

Aussi bien le devoir qui m'incombe et dont a bien voulu me charger M. le Président de la Réunion d'Études Algériennes, de vous présenter le conférencier, ce devoir, j'imagine, est tout à fait superflu. Puisque vous avez bien voulu répondre à notre appel, venir à notre convocation, c'est que vous vous intéressez aux questions coloniales et principalement aux questions algériennes. Or, je prends à témoin tous ceux que passionne l'extension de la France au dehors : est-il un nom plus inséparable de l'histoire de notre développement colonial que celui de M. Étienne? Est-il nécessaire de vous rappeler que, depuis plus de vingt ans, il représente à la Chambre le département d'Oran et que, comme rapporteur du budget, comme président du

Groupe colonial et de la Commission des colonies, deux fois comme sous-secrétaire d'Etat, il n'a cessé d'apporter à la cause qui lui est si chère l'appui de son expérience, de sa vive intelligence, de sa persévérance constante, de son génie d'organisation, enfin de sa prescience en quelque sorte de l'avenir? (*Vifs applaudissements.*)

Je ne veux pas insister davantage, car je risquerais de blesser sa modestie; je tiens seulement à lui rendre la justice qui lui est due en rappelant qu'il ne manque jamais, toutes les fois que l'occasion lui en est offerte, de porter partout sa bonne parole avec un zèle et un dévouement enthousiastes. (*Nouveaux applaudissements.*)

Personne ne peut vous entretenir de l'Algérie politique avec plus de compétence que notre sympathique conférencier; soyez persuadés que la situation particulière dans laquelle il se trouve n'enlèvera rien à l'impartialité avec laquelle il vous la décrira. La hauteur de ses vues, la largeur de ses conceptions nous en sont un garant: tous ceux qui le connaissent savent combien il sait se tenir au-dessus des mesquines préoccupations de la politique journalière; j'ai pu moi-même en être le témoin dans son pays; j'ai pu constater combien ses qualités personnelles lui ont attiré des sympathies assez vives et assez fortes, (*Très bien! Très bien!*) pour avoir pu résister aux passions politiques; et l'on sait cependant si elles sont vives en Algérie.

Et comment en serait-il autrement? A côté des Français qui y arrivent tous les jours de la métropole ou qui y sont établis déjà depuis longtemps et qui forment déjà comme une variété de la race française, ayant des qualités très personnelles d'intelligence, d'énergie, d'initiative, d'ardeur au travail et surtout d'esprit pratique, l'on voit en Algérie se presser, comme par deux grandes portes ouvertes à l'Ouest et à l'Est, vers l'Espagne et l'Italie, des étrangers qui viennent, à l'abri du drapeau français, nous demander une vie plus commode, des conditions meilleures d'existence et qui, grâce à la générosité de notre législation, obtiennent facilement, je pourrais dire automatiquement, la qualité de citoyens français.

Et derrière ces étrangers, ces 40.000 israélites naturalisés, se trouve le grand mur de l'Islam, la grande masse des indigènes, de la population arabe et kabyle à laquelle notre domination a donné la sécurité, tous les avantages de la civilisation, mais qui cependant nous reste toujours immuablement fermée et qui ne pourra pas, avant une longue période d'années sans doute, s'assimiler nos mœurs, nos habitudes et nos idées. Dès lors quoi d'étonnant à ce que, dans ce conflit de races, sous le soleil brûlant de l'Algérie, surgissent parfois des bourrasques et des tempêtes? Il y a trois ans, vous vous rappelez celle qui a éclaté. En France, il faut bien le reconnaître, elle a pu, un instant, susciter quelques inquiétudes sur l'avenir de notre belle colonie. Mais il suffisait de la visiter, même dans les moments en apparence les plus troublés, pour être vite rassuré. A travers l'exubérance d'un tempérament méridional et les exagérations qu'il suscite, le bon sens, l'esprit pratique dont je parlais tout à l'heure ont bien vite repris leurs droits. Comme le disait éloquemment M. Barthou à la tribune de la Chambre, l'Algérie travailleuse a bien vite repris le dessus sur l'Algérie brouillonne et politique; aujourd'hui le calme est complètement revenu. Et si je me permettais d'adresser un vœu aux colons algériens, ce serait encore pour faire appel à leur esprit pratique, pour leur demander de compter un peu plus désormais sur eux-mêmes, un peu moins sur l'administration.

Cette administration algérienne, M. Etienne vous la dépeindra avec son talent, sa science d'organisation. Je dois dire pour mon compte, qu'avant de la connaître j'ai recueilli sur elle bien des témoignages défavorables, que bien des fois je l'ai entendu décrier. J'ai tenu à l'examiner avec toute l'impartialité désirable et je dois déclarer que les reproches qu'on lui fait sont certainement beaucoup exagérés; elle est beaucoup moins mauvaise qu'on veut bien le dire.

On reproche à cette administration d'être trop nombreuse; elle comprend, il est vrai, 17.000 fonctionnaires, — c'est beaucoup; mais il faut bien examiner les choses de près. Le Français, on le répète tous les jours, quitte difficilement son pays et malgré les grands avantages qu'on leur offre, on a de la peine à trouver des amateurs qui veuillent aller là-bas faire de la colonisation. Le Français vient plus facilement en Algérie s'il a en perspective une place de fonctionnaire. Une fois qu'il y est installé, les charmes de la vie, les douceurs de l'existence l'y retiennent et bien souvent tel qui est arrivé comme fonctionnaire y reste comme colon. Somme toute, c'est un avantage pour tout le monde, pour la France comme pour l'Algérie.

D'ailleurs rassurez-vous ! ces 17.000 fonctionnaires sont très occupés; j'en ai été témoin : ils travaillent beaucoup. Il est vrai que, dans le passé, les occupations qu'on leur avait données n'étaient pas toutes d'une grande utilité; quelques-unes même ont pu paraître, en France, plutôt nuisibles. Ce n'était pas la faute des fonctionnaires, mais celle des institutions et j'ai remarqué depuis longtemps que dans l'administration les personnes valaient souvent mieux que les institutions. Je ne citerai que deux exemples.

Nous avons commis cette faute, cette erreur profonde, — heureusement réparable, — de vouloir tout assimiler en Algérie. On s'imaginait que ce pays, si différent du nôtre, pouvait utilement recevoir les mêmes institutions que la France. Ces deux exemples ont démontré combien l'on s'était trompé.

Les Arabes ont des noms empruntés au système que j'appellerai biblique : Un tel, fils d'un tel. On a voulu les remplacer par des noms semblables à ceux que portent nos indigènes de la rue Saint-Denis. On n'y a pas réussi. Déjà, il y a une dizaine d'années, l'éminent rapporteur du budget de l'Algérie, aujourd'hui gouverneur général, M. Jonnart — et qu'il me soit permis ici, au nom de la Réunion d'Etudes Algériennes et de toute l'assistance, d'exprimer le vœu bien sincère que la terrible épreuve qui le frappe se termine heureusement et le plus tôt possible (*vifs applaudissements*). — déjà, dis-je il y a dix ans, M. Jonnart avait démontré que le travail auquel on s'était livré pour constituer l'état civil des indigènes était complètement nul et qu'on ne pourrait songer à changer des usages qui remontaient au temps d'Abraham.

On a ensuite voulu leur procurer les avantages de la propriété individuelle ; on s'est donné beaucoup de mal, on a dépensé beaucoup d'argent. A quel résultat est-on parvenu? On n'a réussi qu'à constituer le prolétariat musulman.

Mais heureusement on s'est arrêté à temps et, depuis peu, on est entré dans une meilleure voie. On a commencé par reconnaître l'impossibilité de gouverner l'Algérie de loin, comme on le faisait autrefois, par donner au Gouverneur général plus d'autorité et de responsabilité, plus de moyens d'action aussi, on lui a, en quelque sorte délié les mains ; on semble enfin renoncer à une conception que je qualifierai de tout à fait extraordinaire, de la manière d'administrer les finances algériennes.

Tandis que la France, qui est un vieux pays, depuis longtemps civilisé, a eu besoin de faire perpétuellement appel au crédit pour construire ses chemins de fer, ses routes et ses canaux, pour entreprendre ses grands travaux publics, on s'est imaginé que l'Algérie, un pays tout neuf, qui n'avait ni capitaux ni moyens de tirer parti de ses richesses que la nature lui a données, pourrait se développer rien qu'avec les ressources ordinaires de son budget.

Qui pourra chiffrer le tort qu'a fait à l'Algérie ce retard de dix ou douze ans, pendant lequel on n'a fait ni un kilomètre de chemin de fer, ni un kilomètre de route nationale!

Enfin, il faut bien le dire, grâce aux efforts de tous, à la sagesse des représentants de l'Algérie, grâce aussi, — je tiens à lui rendre cet hommage, — à la persévérance, à l'action énergique de l'ancien Gouverneur général, M. Laferrière, l'Algérie est aujourd'hui dotée, non pas de l'autonomie complète, ce serait un peu prématuré, mais du moins de l'autonomie financière et elle va pouvoir mettre en valeur ses richesses. au moyen des routes, des chemins de fer, des barrages, des moyens d'irrigation qui lui ont trop fait jusqu'ici défaut.

Je crois fermememt que la constitution du budget autonome de l'Algérie peut avoir les plus heureuses conséquences pour le développement économique de l'Algérie, que M. Etienne va vous exposer.

Si j'ai cru, messieurs, devoir garder aussi longtemps la parole, — et je m'en excuse, — c'est parce que, au témoignage d'un Algérien qui pourrait être soupçonné d'un peu de tendresse et de bienveillance pour la patrie qu'il aime, j'ai voulu joindre celui d'un Français du Nord, chargé par les circonstances, de contrôler les affaires de l'Algérie en l'absence de toute préoccupation, de tout parti pris, qui a voulu voir par lui-même et qui vous apporte son témoignage sur l'œuvre que la France a accomplie en Algérie. Ce témoignage se résume en deux mots. Les erreurs que la France a pu commettre en Algérie disparaissent devant les résultats dès aujourd'hui acquis et il suffit de visiter ce beau pays pour juger que son avenir est plein de promesse. Croyez-moi, tout Français peut s'associer, sans crainte de se tromper, à l'admiration que j'ai éprouvée, comme l'ont fait de leur côté tous les étrangers qui l'ont parcourue, pour l'œuvre que la France a accomplie dans cette grande colonie et je crois pouvoir dire en toute confiance : c'est une œuvre dont la France peut être fière : (*vifs applaudissements.*)

Je donne la parole à M. Etienne.

Mesdames, Messieurs, j'adresse mes bien vifs remerciements à mon excellent ami M. La Moigne qui a bien voulu accepter, au pied levé, de présider cette réunion ; mais je ne saurais retenir les éloges immérités qu'il m'a décernés.

Je tiens également à dire toute ma gratitude à l'éminent président de la Réunion d'Etudes Algériennes qui a su, avec une énergie un talent et un courage tout particuliers, grouper autour de lui les jeunes et vives intelligences de l'Algérie, disséminées sur tous les points du territoire français et obtenir de ces jeunes gens, grâce à l'activité qu'il a su imprimer à ces réunions, un travail vraiment remarquable et fécond. (*Applaudissements*).

Je le remercie surtout de m'avoir appelé à parler devant vous de l'Algérie, de ce pays qui m'est si cher non seulement parce qu'il est ma patrie d'origine, parce que j'y ai de vives et profondes affections, mais parce que désormais dégagé des limbes qui l'environnaient, débarrassé des obstacles qui se dressaient jusqu'à ce jour devant lui, il est devenu l'un des principaux, des plus puissants facteurs de la grandeur future de notre patrie commune. (*Vifs applaudissements*).

L'Algérie a traversé une longue période pendant laquelle elle a été ignorée, méconnue, souvent discréditée ; pour répondre aux critiques violentes dont elle était l'objet, elle s'est réfugiée dans un labeur opiniâtre et ininterrompu, afin de prouver qu'elle n'était pas indigne des sympathies de la France.

On se refusait alors à étudier le problème algérien et ceux qui avaient fait la conquête du pays, qui avaient porté là-bas les efforts de leur génie militaire, ceux qui avaient décidé la France à s'imposer de pénibles et longs sacrifices pour y assurer sa domination s'obstinaient à ne pas vouloir comprendre les futures destinées de ce grand pays.

Et cependant il était déjà évident que la conquête de l'Algérie présentait un intérêt capital pour la France qui, depuis de longs siècles, avait des intérêts puissants dans le bassin oriental de la Méditerranée. Était-elle donc si éloignée, cette époque où la France dominait sans conteste dans la région du Levant? Et la prise de possession des États Barbaresques ne devait-elle pas y consolider et y développer notre influence! Et notre contact immédiat avec le Maroc, n'était-il pas un complément de force et d'autorité dans le bassin tout entier de la Méditerranée! (*Applaudissements*).

Il a fallu soixante-dix ans pour que ces vérités cependant si évidentes apparussent avec toute leur clarté; il a fallu soixante-dix ans pour qu'on découvrît que l'Algérie, indépendamment de son action dans l'Est et l'Ouest, devait être, pour la France, le pivot d'une grande politique africaine; que l'Algérie, devait désormais jouer le principal rôle dans le développement de l'influence française jusqu'au centre de l'Afrique. (*Nouveaux applaudissements*).

Aujourd'hui, ces vérités si longtemps méconnues apparaissent avec précision et le moment est enfin venu où les pouvoirs publics ont compris la large place qu'occupe l'Algérie dans les destinées de notre pays.

Mais que de vicissitudes pour notre grande colonie pendant soixante-dix ans! Elle a connu tous les régimes qui pouvaient éclore dans l'esprit de ceux qui avaient la responsabilité de la gouverner ou de la diriger. Tour à tour, nous avons eu le régime militaire avec ses brutalités inévitables, le régime civil mitigé, le régime civil accentué; mais toujours, il faut le dire, une pensée maîtresse dominait, c'est que l'Algérie devait être administrée comme un département français. Dès le début on lui applique nos lois métropolitaines, et au lendemain de la conquête d'Alger, alors que le gouvernement est encore indécis sur le maintien de notre occupation ou sur l'évacuation, il n'a qu'un souci, qu'une pensée, transporter dans les fourgons même de l'armée notre Code civil, notre Code pénal et notre Code forestier. On n'a aucun souci du régime spécial qu'il convient d'établir aussi bien pour les populations que nous venons de soumettre après de si héroïques efforts que pour la population européenne qui, derrière notre armée, a déjà pris place dans les régions occupées. La préoccupation qui domine est d'imposer à l'Algérie toutes les règles, toutes les lois que la France a mis dix siècles à établir pour elle-même.

Il eût été aisé cependant, en jetant les regards sur un passé qui ne datait que de quelques années, d'éviter la plus désastreuse des erreurs qui ait jamais été commise. (*Applaudissements*).

Après les traités de 1713, de 1763 et de 1815, traités qui successivement nous arrachent le superbe empire colonial de Richelieu et de Colbert, la France ne possède plus que quelques épaves coloniales dans l'Atlantique et l'Océan indien. Mais au jour où il faut donner à ces vestiges un semblant d'organisation et d'administration, la Restauration leur accorde les superbes ordonnances de 1825 et de 1827, qui ont résisté à l'épreuve du temps et qui, aujourd'hui encore, avec le sénatus-consulte de 1854, demeurent dans leurs grandes lignes la charte des colonies françaises.

Pourquoi donc nos gouvernants, de 1830 à 1900, n'ont-ils pas daigné s'inspirer des enseignements que leur offrait un système qui, pratiqué avec sagesse, avait donné les meilleurs résultats. Est-ce insouciance ou ignorance? peut-être les deux. Ce qui est incontestable c'est que l'on a procédé sans vues, sans méthode, et que seuls, l'arbitraire, le caprice et la fantaisie ont présidé à l'administration de l'Algérie.

Nous marchons en pleine aventure et, pendant quarante longues années, nous verrons se succéder les régimes les plus divers, les plus incohérents et aussi les plus désastreux. La France, on peut l'affirmer, avait failli à la grande et noble mission qu'elle avait entreprise. (*Applaudissements*).

Il faut que nous traversions l'horrible tempête de 1870, non pas encore pour donner à l'Algérie la constitution qu'elle attend depuis la conquête, mais pour lui permettre de sortir de sa longue torpeur et d'apparaître enfin sous sa véritable physionomie, c'est-à-dire comme une terre où l'influence française doit dominer sans conteste, comme une colonie de peuplement français.

Oh ! je le sais, cette thèse est très discutée, même à l'heure où je parle. Certains prétendent que l'Algérie n'est pas une colonie de peuplement, qu'elle est à la fois une colonie de peuplement et d'exploitation. Quelques-uns vont jusqu'à prétendre qu'elle est simplement une colonie d'exploitation. Ces derniers s'appuient sur le sénatus-consulte de 1863, sur la thèse impériale qui avait rêvé de constituer un royaume arabe, où l'élément indigène avait la libre disposition et l'exploitation du sol, les transactions commerciales seules étant réservées aux européens. Erreur funeste, qui devait arrêter l'essor de notre colonie et l'exposer aux pires des dangers!

Livrer à une population indigène encore frémissante un sol qu'elle sait ne pas lui appartenir, n'était-ce pas l'exalter et lui donner le sentiment de notre impuissance? Éviter tout contact entre l'élément indigène et l'élément européen en refusant à ce dernier la faculté de pénétrer sur le sol conquis, de l'occuper et d'y établir l'influence française, n'était-ce pas nous condamner à une occupation militaire très étendue ou à la permanence de l'insurrection.

Assurément il est beau, il est glorieux pour un peuple de faire enregistrer par l'histoire de grands exploits militaires. Et, à ce point de vue, l'Algérie présente une longue période de brillants faits d'armes, de combats sans pareils. Nos soldats y ont déployé une énergie indomptable, nos généraux une habileté consommée. Tous ont fait la grande guerre contre un vaillant adversaire digne de leur bravoure et de leur intrépidité, Abd el Kader. Et quand nous entendons dire aujourd'hui que l'Algérie a été pour l'armée française non pas l'école de la victoire, mais celle de la défaite, nous pouvons répondre, l'histoire à la main, que notre armée d'Afrique s'est trouvée à l'avant-garde sur tous les champs de bataille du monde entier : en Crimée, en Chine, au Tonkin, à Madagascar et que toujours elle a décidé la victoire. (*Applaudissements répétés.*)

Mais il ne suffit pas de conquérir. Après la bataille, avec son cortège de deuils et de ruines, il faut la paix réparatrice. Or comment la faire régner si ce n'est en nous rapprochant du vaincu, en vivant près de lui, en le bien pénétrant de cette vérité que nous n'avons qu'un désir, qu'une ambition : faire de lui notre associé et notre ami? Et pour atteindre ce résultat quelle meilleure méthode que la présence permanente du Français à côté de l'indigène ?

Quand on se trouve en face d'une population aussi nombreuse, aussi ardente, en présence d'une race exaltée par le fanatisme religieux, dont le seul but, l'unique préoccupation était et est encore de jeter à la mer le conquérant exécré, de vivre en elle-même et par elle-même, de s'éloigner de tous ceux qui pourraient entrer en contact avec elle, de repousser tout élément qui viendrait gêner ses habitudes, ses coutumes, sa façon de vivre et de penser, n'est-il pas indispensable, je le demande, si le conquérant veut établir définitivement sa domination, qu'il crée dans ce pays des foyers de vie familiale française et d'intérêts véritablement français? (*Vive adhésion.*)

Au cours de notre histoire déjà longue certains grands esprits l'ont nettement compris. L'illustre Bugeaud, le vaillant Pélissier qui eut le courage de protester contre le sénatus-consulte de 1863, le maréchal Randon, le vainqueur de la Kabylie, avaient fait de louables tentatives pour créer des centres de population française au milieu des populations indigènes. Mais on peut affirmer que leurs efforts sont restés stériles et il faut attendre la venue d'un homme de haute intelligence, l'amiral de Gueydon, pour qu'un vaste courant d'émigration se

produise de France en Algérie, pour que les vill[ages]
et que dans cette immense région du Tell, dont [la superficie]
n'est pas inférieur à 11 millions d'hectares, on s[...]
la France a pris définitivement possession du sol [...]
les successeurs de l'amiral de Gueydon l'œuvr[e]
tantôt avec lenteur, tantôt avec célérité, et aujo[urd'hui]
tant d'hésitations, de lenteurs calculées ou invol[ontaires]
des obstacles sans nombre, nous sommes en dro[it]
que l'œuvre accomplie est véritablement grandio[se]
digne de la France.

Je n'ignore pas toutes les impitoyables critiqu[es]
l'objet. Nos adversaires déclarent que pour att[...]
nous n'avons pas hésité à commettre de véritabl[es]
nous avons dépouillé, spolié l'indigène au profit
de nos propres mains nous avons transformé l'[...]
taire en prolétaire vagabond et affamé et que no[us]
créé l'armée du pillage, de l'assassinat, du crin[...]

Nous pourrions nous contenter de répondre qu[...]
avait le devoir impérieux de sauvegarder les int[érêts]
gènes, elle devait, avant toutes choses et même [...]
sa mission envers la race vaincue, asseoir tout d'[...]
nation et pour l'assurer, occuper le sol qui con[...]
droit musulman nous appartenait sans conteste.
rons cet argument, pour nous renfermer dans l'ex[...]

Et quoi! nous avons dépouillé, spolié l'indig[ène]
donc vrai que le cultivateur français, le paysan
l'ouvrier et le soldat français, ces cœurs bienveil[lants]
reux, ces esprits fiers et libres, se sont subitemen[t]
et sont devenus, en traversant la Méditerranée,
aux appétits féroces, aux instincts sauvages, les
des Huns et des Vandales! Ceux qui profèrent de
ges ne comprennent-ils donc pas qu'ils blasph[èment]
la France elle-même, puisque nous tous, Franç[ais]
nous sommes issus du même sang qui coule dan[s]

Mais il ne suffit pas de protester; il faut, et sa[...]
qu'il est nécessaire de réfuter d'aussi odieuses ac[cusations]
poser une démonstration décisive.

Je vous disais que la région du Tell, qui se tr[ouve]
entre la mer et les Hauts Plateaux, a une superfi[cie]
lions d'hectares. Les statistiques nous indiquen[t]
14 millions d'hectares, 11 millions sont cultivabl[es]
statistiques officielles nous enseignent que sur c[...]
d'hectares, après 70 années d'occupation, les Eu[ro]
cais et étrangers possèdent 1.435.000 hectares.
ajouter que la majeure partie de ces terres étai[t]
que le domaine de l'État et le domaine public y [...]
une large part. Il reste donc aux indigènes 9.56[...]
Si, comme on le prétend, l'Arabe a été dépou[illé]

[colonne de droite, fragments]

[...]s villages se créent
[...]t, dont la superficie
[...]s, on sente enfin que
[...]lu sol algérien. Avec
[...]œuvre se poursuit,
[...]t aujourd'hui, après
[...] involontaires, après
[...]en droit de déclarer
[...]randiose et vraiment

[...]ritiques dont elle est
[...]ur atteindre le but,
[...]ritables méfaits, que
[...] profit du colon, que
[...]rmé l'Arabe proprié-
[...]que nous avons ainsi
[...]lu crime.
[...]dre que si la France
[...]les intérêts des indi-
[...]nème pour accomplir
[...]tout d'abord sa domi-
[...]qui conformément au
[...]nteste. Nous néglige-
[...]ns l'examen des faits.
[...]l'indigène! Il serait
[...]paysan français, que
[...]ienveillants et géné-
[...]itement transformés
[...]cranée, des barbares
[...]s, les dignes émules
[...]rent de pareils outra-
[...]blasphèment contre
[...], Français d'Algérie,
[...]le dans leurs veines!
[...], et sans répit, puis-
[...]ses accusations, op-

[...]i se trouve comprise
[...]superficie de 14 mil-
[...]liquent que sur ces
[...]ltivables. Les mêmes
[...]e sur ces 11 millions
[...]les Européens, Fran-
[...]tares. Encore faut-il
[...]s étaient incultes, et
[...]blic y figurent pour
[...] 9.365.000 hectares.
[...]dépouillé et spolié,

c'est assurément que ces 9.565.000 hectares labourés et exploités ne lui suffisent pas.

Erreur profonde !

Sur les 9.565.000 hectares dont il est le détenteur, l'indigène n'en cultive que 2 millions 500.000 hectares. Donc plus de 7 millions d'hectares restent improductifs !

Que peuvent donc opposer à ces chiffres éloquents et décisifs les intraitables détracteurs de la colonisation française ? Ils ne veulent ni voir ni entendre et ils continuent leurs perfides critiques. Mais ils ont d'autres flèches à leur arc et bien vite ils nous font grief de notre méthode d'administration. Vous créez des villages, nous disent-ils, et vous donnez des terres aux colons. C'est un système avilissant ; il suscite les appétits de ceux qui ne veulent pas travailler, et qui n'ont qu'une pensée, qu'un désir : s'emparer des terres que vous leur offrez pour en faire trafic dès le lendemain.

Messieurs, cette affirmation se produit aujourd'hui non seulement dans les revues, dans les grands journaux, mais encore à la tribune de la Chambre. En effet, nous avons entendu condamner avec des accents indignés la concession directe et gratuite des terres aux colons.

On est en droit de se demander si nos adversaires ont bien conscience de la valeur de leur grief. Et quoi ! vous avez conquis un pays qui a exigé vingt-sept années de luttes sanglantes pour le soumettre, dont la population est toujours tourmentée par le désir de la rebellion et l'on aurait voulu que dans ces régions où l'européen n'aurait aucune sécurité ni pour ses biens, ni pour sa vie, il vînt isolément s'établir, en achetant des terres aux Arabes ou à l'État, possesseur des biens du beylick ou les biens de ceux qui, après les insurrections réprimées, provenaient du sequestre ! N'était-ce pas vouer à une mort presque certaine ceux qui auraient eu la folle audace de se transporter ainsi seuls au milieu des indigènes ?

Le plus vulgaire bon sens n'exigeait-il pas que le gouvernement choisît lui-même la région où il était utile de faire pénétrer la colonisation française, de préparer lui-même l'assiette du centre de population européenne à créer et, cela fait, d'y appeler à la même heure de nombreuses familles, susceptibles de s'entr'aider et de se défendre en cas de danger ? Et s'il en est ainsi, pouvait-on espérer que dans ces conditions il se présenterait des acheteurs ? A plusieurs reprises le gouvernement a pratiqué le système de la vente ; toujours l'insuccès le plus lamentable a répondu à ces tentatives. Aujourd'hui encore où dans certaines régions colonisées on vend des terres aux approches des villages déjà créés, nous n'avons pour acquéreurs que des Français habitant l'Algérie ! Le cultivateur de France ne répond pas à l'appel qui lui est fait. Et comment en serait-il autrement ?

Le paysan fra rsqu'il a un pécule même minime, ne
se déplace pas t. Ceux qui s'expatrient sont ceux qui
ont éprouvé des les malheurs immérités, et qui, n'ayant
aucune ressourc rent par un travail opiniâtre se créer
une situation loi ys.

Il faut leur a aide et protection parce que non seulement ils assurer a prise de possession effective du sol,
la domination d de la France, mais parce qu'ils vous
restituent par le ges tous les sacrifices que vous vous
êtes imposés.

Les résultats es et tangibles que nous enregistrons
chaque jour, ne ntrent-ils pas surabondamment?

C'est l'amiral ydon qui a été, on peut le dire, le premier colonisateu Algérie, puis c'est Chanzy; puis c'est
mon ami toujou etté M. Tirman qui, pendant dix ans,
avec un talent able, une simplicité exemplaire et un
dévouement san a su développer l'action colonisatrice
de la France en

Sur les immen faces qui s'étendent du Tell jusque sur
les Hauts-Platea voit aujourd'hui, comme un véritable
essaim, toute une e villages où une population européenne
de 500, 1.000, même 3.000 âmes se trouve groupée,
vivant de la vie le et communale française, ayant ses
écoles, son adm on, sa municipalité. Elle vit ainsi sans
crainte au milieu opulation arabe où l'influence française
pénètre chaque finit par dominer. (*Applaudissements*).

C'est là un rés oral considérable. Le résultat matériel
n'est pas moins i t, car la richesse de la France s'en est
accrue.

En 1830, lorsq débarquions sur la terre algérienne,
quelles étaient n ons commerciales avec ce pays? Nous
faisions avec lui millions d'affaires. En 1850, le chiffre
de nos transactio déjà de 80 millions; en 1870, il attei-
gnait 297 million

En 1899, — c dernier chiffre que nous avons, — le
commerce généra lgérie est de 686 millions, sur lesquels
la France a une 42 0/0, soit 562 millions. (*Vifs applaudissements*).

Qui donc a su ortir du sol algérien les produits qui
donnent lieu à u aussi considérable? C'est le colon, et
c'est l'indigène; surtout, qui a été l'initiateur et qui a
eu assez d'énergi courage pour entreprendre la culture
si difficile de la t érienne.

On croit généra que le colon n'a eu qu'à débarquer sur
la côte d'Afrique trouver une terre déjà défrichée par la
main de l'homme blie que cette terre était inculte, aban-
donnée, que depu siècles, depuis l'époque romaine, elle

n'avait plus connu la charrue et qu'il a fallu à nos colons une énergie indomptable pour la féconder.

Les exemples sont nombreux de ces familles françaises qui arrivaient, pleines d'ardeur et de courage et qui succombaient bientôt sous l'influence des miasmes qui sortaient de terre sous les efforts de la charrue. Des générations entières ont ainsi trouvé la mort. Interrogez ces plaines immenses aujourd'hui transformées en superbes vignobles ou en champs de céréales, consultez les archives des petites localités, vous y verrez que des générations successives ont succombé avant d'avoir pu subjuguer et dominer la terre. La lutte a été terrible, héroïque : et l'on a le droit de se demander pourquoi, alors que l'on exalte si justement le paysan français, on n'éprouve pas des sentiments d'admiration pour son frère d'Algérie. Ceux qui médisent ainsi n'ont qu'une excuse, c'est qu'ils ne le connaissent pas, car s'ils l'avaient approché ils pourraientconstater toute la force d'âme, toute l'énergie qu'il doit déployer non seulement pour éventrer la terre, pour lui demander la moisson, mais aussi et surtout pour la conserver et la défendre contre les pillards et les assassins. Le jour, c'est la charrue qu'il tient dans sa main ; la nuit, c'est trop souvent le fusil.

J'affirme — le sachant bien — que si l'Algérie est à la France, nous la devons et à l'armée qui a vaincu et au colon français qui assure notre domination. (*Applaudissements répétés.*)

Mais l'œuvre de la colonisation ne pouvait se poursuivre qu'au milieu de difficultés inextricables, étant données les indécisions qui se manifestaient au sein même des pouvoirs publics.

Depuis la conquête, aucun acte organique n'avait fixé de règles précises ni pour l'administration indigène, ni pour l'administration européenne. Les gouverneurs subissaient les contre-coups des incessantes crises ministérielles et n'avaient pour boussole que les caprices variés des ministres dont ils dépendaient. Paris dirigeait et administrait. Si pour une fois, en 1869, après l'expérience éphémère du ministère de l'Algérie en 1858, on mit au jour un grand projet de constitution algérienne, projet qui est tout à l'honneur de son auteur, l'éminent M. Armand Behic, les cruels événements de 1870 le firent avorter. Ainsi que je vous le disais en débutant, nous avons vécu dans l'incertitude, le chaos, l'anarchie pendant plus de trois quarts de siècle, oscillant entre un régime d'assimilation à outrance et un semblant d'autonomie administrative.

Jamais, à aucun moment, il n'est venu à l'esprit de qui que ce soit d'examiner si l'Algérie ne présentait pas les caractères essentiels d'une véritable colonie, d'une région qui a une situation géographique spéciale, dont la population a des mœurs, des habitudes, un état mental, qui lui appartiennent en propre.

et se dire qu'il faut adapter à cette population un régime politique, économique et financier tout spécial.

De cette insouciance, de cette ignorance, puis-je dire, viennent tous les maux dont nous avons si cruellement souffert.

Mais, un jour, s'est fait entendre la grande voix d'un homme de grand cœur et de grand courage, qui avait, en moins de cinq années, donné à la France deux superbes colonies : la Tunisie et le Tonkin. (*Vifs applaudissements.*)

Avec la superbe assurance de l'homme de bien et de foi, avec des vues d'homme d'Etat incomparable, Jules Ferry avait consacré à la France tout ce qu'il avait de patriotisme, de dévouement ; comme Gambetta, il expia cruellement son ardent amour pour la France, il fut écarté par ceux-là mêmes qui, la veille, étaient encore à ses côtés. Je n'ai pas besoin de rappeler qu'au lendemain de sa défaite j'étais de ceux qui lui restèrent fidèles. (*Applaudissements et bravos.*)

La réparation arriva enfin, après sept années d'amertume et de tristesse. Et aussitôt qu'il put parler, il indiqua la solution du problème algérien. C'est lui, c'est Jules Ferry qui demanda la constitution d'une Commission chargée d'étudier les moyens de faire régner l'ordre là où il n'y avait que désordre et anarchie. Désigné comme président de cette Commission, il parcourut l'Algérie, l'examina en tous sens avec le soin minutieux qu'il apportait en toutes choses et en revint avec un programme net, précis, décisif, qu'il formula dans un rapport qui est un monument de clarté, de précision et d'éloquence. Nous nous sommes trompés, disait-il, depuis que nous occupons l'Algérie ; nous y avons commis erreurs sur erreurs. Il faut là-bas comme dans toutes les colonies françaises, — il marquait bien par là que l'Algérie est une colonie, — un gouverneur qui ait l'initiative en même temps que la responsabilité. (*Applaudissements.*)

Il faut que de Paris partent les grandes directions : mais au gouverneur qui représente l'Etat français, il faut l'autorité absolue, sans conteste, sur tous les services civils et militaires pour administrer au mieux des intérêts et de la Métropole et de la colonie. (*Nouveaux applaudissements.*)

Ce jour-là, Messieurs, l'Algérie était sauvée ; elle allait pouvoir revivre.

Alors intervinrent successivement les décrets de 1896 et de 1898 qui brisèrent les liens qui « rattachaient » l'Algérie aux différents ministères. On laissa toutefois, pour ne pas en perdre la tradition, subsister le rattachement avec certains ministères, tels que la justice, l'instruction publique et la douane. Mais, d'une façon générale, on peut dire que l'Algérie avait reconquis, avec son gouverneur général, la faculté de se gouverner elle-même.

Aussitôt que le décret de 1898 fut promulgué, M. Laferrière, alors gouverneur général, dominé par le sentiment de ses devoirs, voulut appeler à la gestion des affaires publiques les deux grandes branches du tronc commun, qui constitue l'Algérie, la population française et la population indigène. Il créa les délégations financières.

Dès lors les conséquences inévitables devaient suivre. Il fallait donner à ces nouvelles assemblées l'instrument de travail qui leur était indispensable.

Sous l'action énergique de M. Laferrière, dont le passage marquera dans l'histoire de l'Algérie, les Chambres n'hésitèrent pas à donner à ce pays l'instrument décisif de son émancipation économique et financière ; le budget spécial fut constitué.

Qu'est-ce donc que le budget spécial? C'est la remise entre les mains de l'Algérie des ressources dont elle dispose pour qu'elle en fasse le meilleur profit, qu'elle les emploie à la destination la plus utile et la plus avantageuse pour elle.

La France désormais n'a plus à intervenir dans les dépenses civiles de l'Algérie ; elle n'intervient que pour les dépenses de l'armée, pour les dépenses d'occupation et de domination. Mais cette armée, est-elle uniquement destinée à assurer la sécurité de l'Algérie? Personne n'oserait l'affirmer.

L'armée d'Afrique, Messieurs, c'est l'armée nationale ; c'est l'armée qui combattrait en Europe, le jour où il le faudrait ; c'est elle que nous envoyons aujourd'hui à Madagascar, dans l'Indo-Chine, c'est elle encore qui combat en Chine. Elle forme un effectif de 50.000 hommes ; 35.000 hommes à peine sont à l'heure actuelle en Algérie. Et cependant cet immense pays de 54 millions d'hectares est aujourd'hui en pleine sécurité. (*Applaudissements.*)

L'Algérie n'a donc plus qu'à se préoccuper de ses propres intérêts. On lui a donné la faculté de s'administrer elle-même ; elle a maintenant son budget spécial ; elle en fera l'usage qui lui conviendra, sous la haute direction et le contrôle du Gouverneur général et du Parlement. Mais on peut dire aussi que, pour l'Algérie, l'ère des difficultés commence.

Cette grande parole a été prononcée, il y a déjà vingt et un ans, par l'illustre Gambetta, au lendemain du jour où la République venait de prendre définitivement possession du pays. L'Algérie aussi a pris possession d'elle-même : son avenir est entre ses mains. Sa première préoccupation doit être de compléter sans retard son outillage économique. Quand on interroge la statistique officielle, on est en droit de se demander comment elle a pu, alors que les moyens d'action lui manquaient, donner le témoignage d'une si surprenante activité.

Après soixante-dix ans d'occupation, notre réseau de chemins de fer n'est que de 3.000 kilomètres, et si nous établissons la comparaison avec les colonies des puissances rivales, nous sommes obligés de constater que nous sommes à cet égard dans une infériorité vraiment humiliante.

Chez tous les peuples qui ont un empire colonial, si restreint qu'il soit, la question des chemins de fer a toujours primé toutes les autres.

Faut-il rappeler que dans l'Inde, un grand réseau de plus de 25.000 kilomètres a été construit en moins de quarante ans? Faut-il vous dire que dans le Canada, en Australie, les chemins de fer sillonnent toutes les contrées ; que dans l'Afrique occidentale, à Sierra Leone, à la Côte d'Or, à Lagos, et sur la Côte orientale d'Afrique, dans toutes les colonies anglaises, les réseaux succèdent aux réseaux de chemins de fer?

Il en est de même dans l'Afrique du Sud, dans l'État d'Orange, au Transvaal, et dans le Natal, plus de 4.400 kilomètres y sont en pleine exploitation. Faut-il ajouter que les chemins de fer, sont, hélas, en ce moment l'instrument de combat qui sert à une nation qui commande à plus de 400 millions d'âmes, pour tenter d'écraser et d'anéantir deux héroïques petits peuples qui combattent avec la folie du désespoir pour la sauvegarde de leur indépendance et de leurs foyers ! (*Vifs applaudissements*).

Faut-il parler et de la Hollande qui, à Sumatra et Java, a depuis de longues années construit tout un grand réseau, du Portugal qui, à Angola et au Mozambique a pénétré par le rail jusqu'au plus profond intérieur de ses possessions ?

Et nous, de 1868 jusqu'à nos jours, en trente-deux ans, nous avons pu construire un maigre réseau de 3.000 kilomètres. Tel est notre lot. Il est manifestement insuffisant, il faut donc nous hâter de lui donner tout le développement nécessaire.

Je ferai la même observation au sujet des routes nationales dont le réseau n'est que de 3.000 kilomètres.

Il faut aussi construire des barrages appropriés au pays pour retenir l'eau qui nous manque, celle qui se perd, qui se dirige vers la mer sans pouvoir être utilisée.

Il faut améliorer les ports, leur permettre de recevoir tous les navires qui fréquentent nos rivages.

Le programme des grands travaux doit être préparé, examiné, contrôlé avec une minutieuse attention. Il ne s'agit pas d'aborder de front l'exécution du programme tout entier. Il faut le suivre par ordre d'urgence et ne consacrer à son exécution que les ressources dont nous disposons.

L'Algérie, en dépit de toutes les erreurs commises, n'a pas été à charge à la Métropole, elle a déjà donné des preuves éclatantes de sa force et de sa vitalité. Son armée, toujours prête à tous les devoirs, à tous les sacrifices, n'a qu'une ambition: se trouver à l'avant-garde partout où il plaira à la France de l'appeler. Les 2.400 navires qui, chaque année, entrent dans les ports de l'Algérie et en sortent, sont montés par une armée de 71.000 marins que vous trouverez prêts au jour du combat. Son commerce, il y a un demi-siècle, de 80 millions est aujourd'hui de plus de 680 millions, donne à la mère patrie un surcroît de force et de richesse.

Placée en sentinelle avancée au nord de l'Afrique, l'Algérie protège nos intérêts à l'est et à l'ouest de la Méditerranée ; elle est le phare immense qui conduit notre politique et au Soudan et au Sénégal, et dans la boucle du Niger et au Congo. — Qui donc pourrait douter des brillantes destinées qui l'attendent ? Mais qu'il me soit permis de répéter que l'Algérie — dont je ne puis parler qu'avec une émotion profonde, est aujourd'hui au tournant de son histoire. — Si elle est prudente et avisée, si elle sait — et elle le saura — donner le témoignage de sa compétence, de sa vigilance, de son esprit de travail, on peut dire que le plus bel avenir lui est ouvert.

Déjà, ses corps nouvellement élus, ses délégations financières ont su prouver hautement qu'ils étaient aptes à aborder tous les problèmes et à leur donner les meilleures solutions. Les sages avis du Conseil supérieur qui renferment tant de compétence et de bon vouloir leur seront à profit.

L'Algérie écoutera la voix autorisée de l'homme de bien et de devoir qui a accepté la lourde tâche de présider à ses destinées. Son grand savoir, son autorité, les services qu'il a rendus au pays, disent assez la confiance et, je peux dire, l'affection que nous ressentons pour lui. Qu'il me soit permis, alors qu'il subit la plus cruelle des épreuves, de lui adresser toutes nos plus vives sympathies avec l'espoir du prompt rétablissement de Madame Jonnart ; si mes vœux se réalisent, j'ai la certitude que la France du xx⁰ siècle trouvera dans notre belle Algérie toutes les réserves dont elle aura besoin pour affronter sans crainte les grands problèmes de l'avenir. (*Applaudissements.*)

La France ne peut pas avoir encore dit son dernier mot. Au milieu des événements qui peuvent surgir elle aura toujours un grand rôle à remplir. Elle a su, pendant trente ans, avec un sang-froid remarquable, au milieu de difficultés dont j'ai pu apprécier la gravité, constituer un immense empire colonial. Elle ne l'a pas fait en vain. Elle a pensé qu'elle devait avoir au-dehors un réservoir où elle pourrait puiser tout ce qui lui serait nécessaire, envoyer tout ce qu'elle produit elle-même. Elle a vu plus loin. Ce n'est pas seulement sa richesse matérielle qu'elle a cherché à développer ; elle a pensé que peut-être le règlement des grandes affaires européennes aurait lieu un jour et qu'alors, bien armée, puissante et riche, exerçant son action sur tous les points du globe, elle pourrait parler librement et hautement, comme dans le passé.

L'Algérie est une des unités qui permettra à la France de

développer encore davantage sa grandeur et sa force. L'Algérie de demain consacrera, j'en suis certain, par son courage, son incessant labeur, par sa sagesse et son patriotisme, les grandes et belles destinées que lui assignaient son admirateur passionné : Prévost Paradol. (*Applaudissements et bravos répétés.*)

PUBLICATIONS

DE LA

RÉUNION D'ÉTUDES ALGÉRIENNES.

ERNEST MERCIER. — La question des Étrangers en Algérie.

REBATTU. — Le Régime forestier de l'Algérie.

E. ZEYS. — Esclavage et Guerre sainte, consultation adressée aux gens du Touat par un érudit nègre de Tomboctou au dix-septième siècle.

G. B. M. FLAMAND. — L'occupation d'In-Salah et l'action française dans le Sahara, conférence faite à la Réunion d'Études Algériennes

HENRY NEUBURGER. — Quelques notes sur le pétrole dans le département d'Oran.

Dr TROLARD. — La cause des Forêts de l'Algérie devant la Réunion d'Études Algériennes.

F. FOUREAU. — SAHARA, SOUDAN, TCHAD, CONGO.

EXTRAIT DES STATUTS

Autorisés par Arrêté ministériel en date du 16 Septembre 1898

ARTICLE PREMIER. — Il est constitué sous le nom de « *Réunion d'Études Algériennes* » une association ayant pour objet de grouper, en un commun et amical effort, tous ceux qui s'intéressent à l'Algérie pour la faire mieux connaître, étudier les questions algériennes et défendre les grands intérêts de la colonie.

ART. 2. — L'association s'interdit toute immixtion dans les luttes politiques ou religieuses.

ART. 3. — La Réunion se propose, comme moyens d'action, la propagande par la presse ou la parole; elle organisera des conférences; elle publiera le compte rendu de ses travaux et se tiendra en communication avec les groupements déjà existants en Algérie (Chambres de commerce, sociétés d'agriculture, comités, comices, syndicats agricoles et commerciaux) etc.

ART. 4. — L'association se compose de membres donateurs et de membres adhérents. Les membres donateurs sont ceux qui ont versé une somme de 200 francs au minimum. Les membres adhérents versent une cotisation de 10 francs par an.

Pour faire partie de la « Réunion d'Études Algériennes », il faut être présenté par deux membres de l'association, et être agréé par le Conseil de direction.

Toute société constituée peut faire partie de l'association et se faire représenter par un délégué.

Le dîner mensuel a lieu le 2e mercredi de chaque mois au Cercle National 5, avenue de l'Opéra, à 7 heures 1/2 précises.

Le prix de la cotisation est de 5 francs.

Les séances, complètement indépendantes du dîner, se tiennent au Cercle, le même jour, à 9 heures.

Les membres qui ne pourraient assister au dîner sont priés de vouloir bien se rendre aux séances.